Mejora la memoria y sonríe a la vida ISBN 9788411744102 © Grete Garrido, 2023

Impresión y editorial: BoD – Books on Demand
info@bod.com.es - www.bod.com.es

Impreso en Alemania – Printed in Germany

MEJORA LA MEMORIA Y SONRÍE A LA VIDA

UN LIBRO PARA PERSONAS MAYORES

CREADO POR GRETE GARRIDO

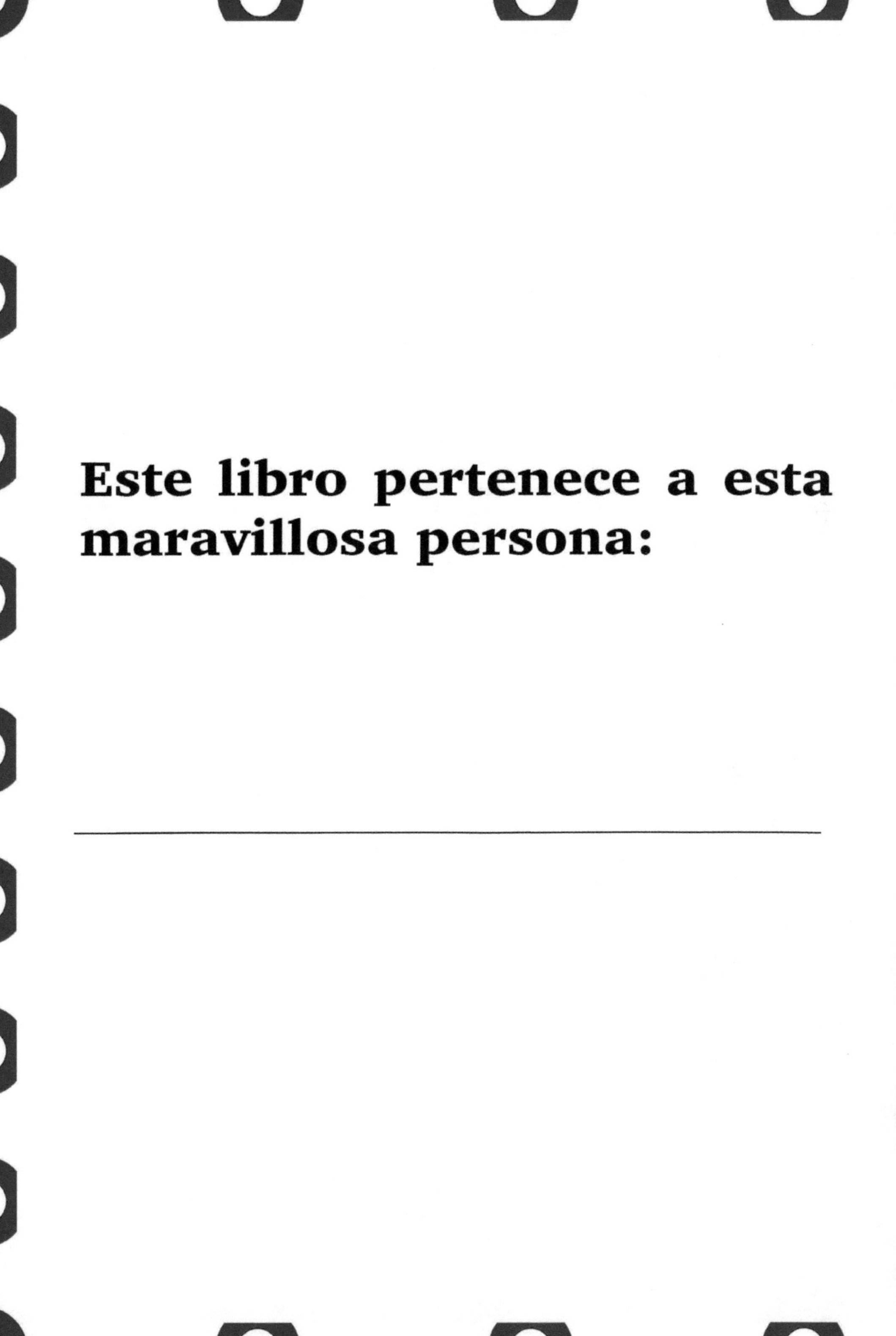

Este libro pertenece a esta maravillosa persona:

____

ESPERA LO
MEJOR.
VIVE CON
PASIÓN.

¿Cuál fue la **primera película** que viste en un cine? ¿Recuerdas en qué ciudad era? ¿el nombre del cine? ¿Y el nombre de los actores/actrices principales? Cuenta de qué iba la historia. ¿Te gustó?

Escribe 16 ciudades españolas (por ejemplo, Zaragoza):

¿Qué comiste en el almuerzo ayer?

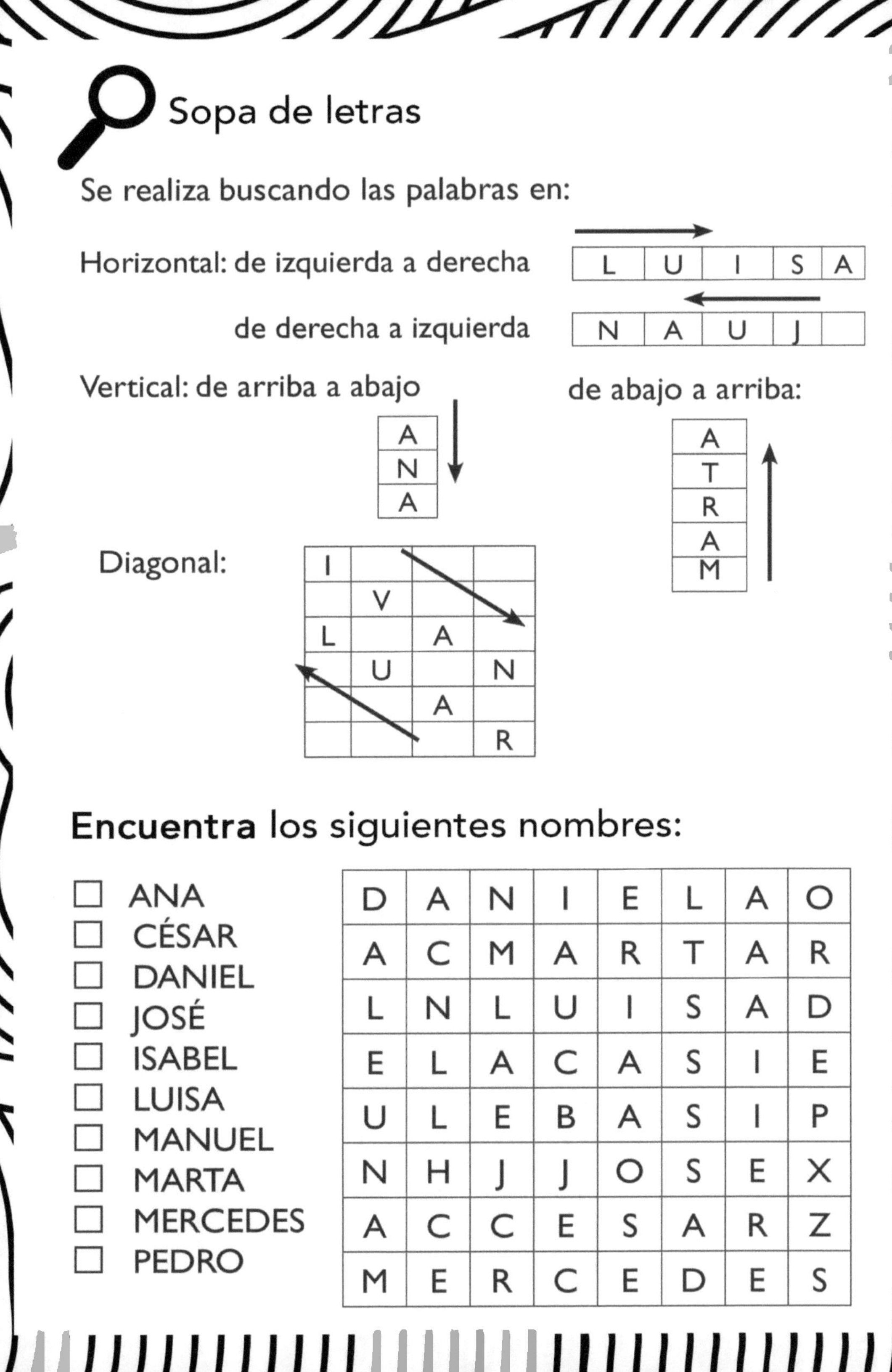

Sopa de letras

Se realiza buscando las palabras en:

Horizontal: de izquierda a derecha

| L | U | I | S | A |

de derecha a izquierda

| N | A | U | J |

Vertical: de arriba a abajo

| A |
| N |
| A |

de abajo a arriba:

| A |
| T |
| R |
| A |
| M |

Diagonal:

Encuentra los siguientes nombres:

- ☐ ANA
- ☐ CÉSAR
- ☐ DANIEL
- ☐ JOSÉ
- ☐ ISABEL
- ☐ LUISA
- ☐ MANUEL
- ☐ MARTA
- ☐ MERCEDES
- ☐ PEDRO

D	A	N	I	E	L	A	O
A	C	M	A	R	T	A	R
L	N	L	U	I	S	A	D
E	L	A	C	A	S	I	E
U	L	E	B	A	S	I	P
N	H	J	J	O	S	E	X
A	C	C	E	S	A	R	Z
M	E	R	C	E	D	E	S

Encuentra las **5 diferencias**.

Colorea este mandala.

EL ÉXITO EN LA VIDA NO SE MIDE POR LO QUE LOGRAS, SINO POR LOS OBSTÁCULOS QUE SUPERAS.

¡Eres una **estrella de cine!** Y la directora te pide que en la próxima escena debes tener un ataque de **risa** ¿qué recuerdo, anécdota o qué te inventarías para reír un buen rato?

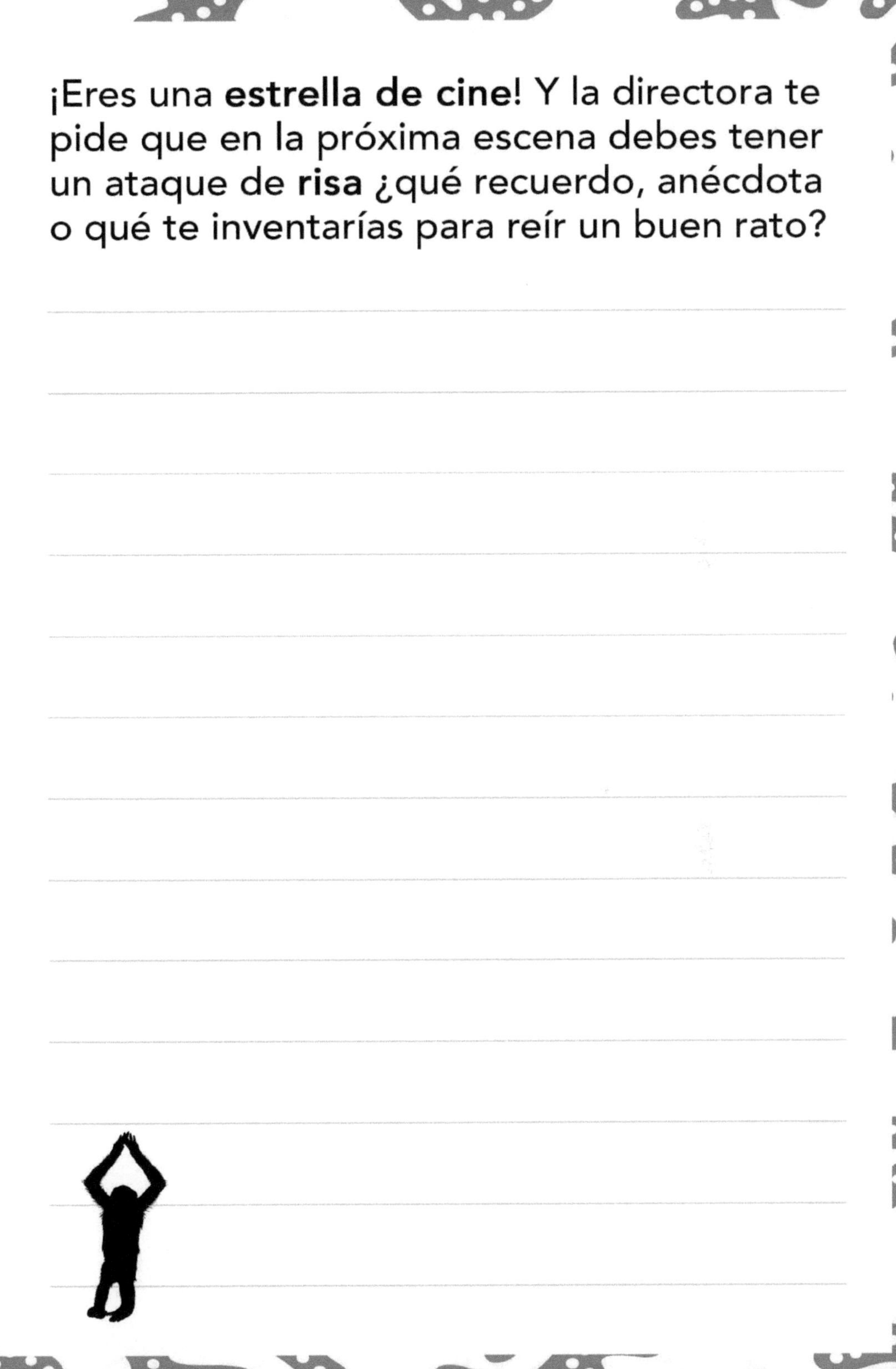

Escribe 16 palabras que contengan la letra **T** (por ejemplo, tortuga):

Si eres diestro **dibuja** con la mano izquierda y si eres zurdo, con la derecha, un perro con sombrero.

Observa con atención la siguiente fotografía:

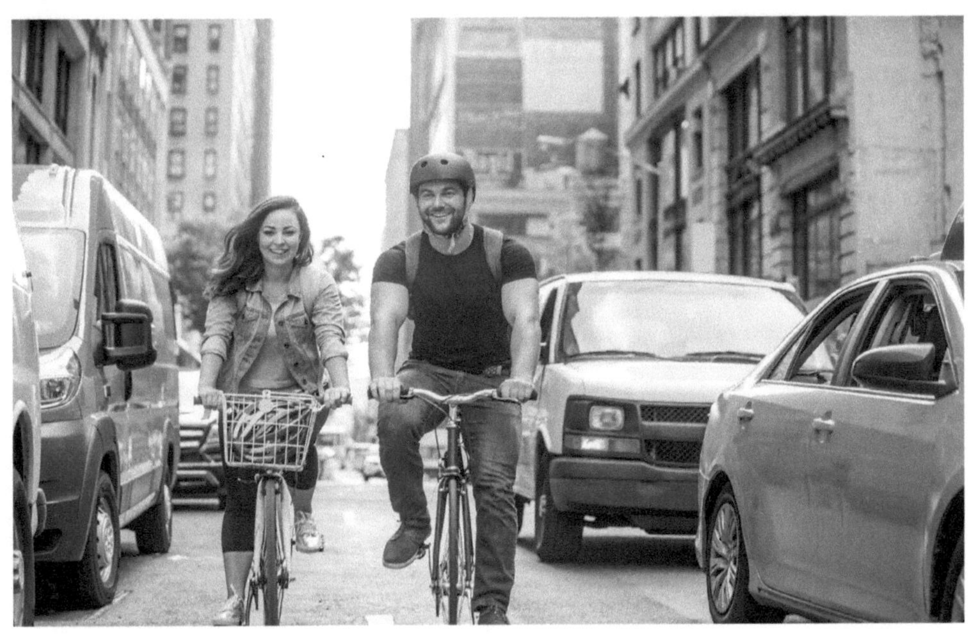

Después tápala e intenta responder a las preguntas:

¿Llevan casco los dos ciclistas?

¿Lleva mochila el chico de la foto?

¿Hay alguna moto en la imagen?

¿Lleva la chica gafas de sol?

¿Están los dos cliclistas sonriendo?

¿Lleva la chica flores en la cesta de la bicicleta?

Escribe el nombre de **16 colores** (por ejemplo, rojo):

Escribe desde el número 55 hasta el 142 **sumando de 3 en 3**.

55 - 58 - 61 -

Lee este texto en voz alta:

El cerebro humano tiene una función, que lo diferencia del resto de las especies animales, que es la capacidad de crear. A lo largo de la historia, las distintas culturas han creado arte, pintura, música, danzas, arquitectura, conocimientos científicos, etc.

La **creatividad** es la producción de nuevas ideas que son originales. Una de estas ideas originales que ha facilitado el trabajo doméstico es "la fregona", inventada en el año 1956 por un ingeniero español, para evitar tener que fregar de rodillas.

Este invento ha sido muy útil e incluso puede ayudar a prevenir enfermedades como la artrosis, las infecciones, los hongos en las uñas y el deterioro de las manos y las rodillas.

Ser creativos es una forma de mostrar nuestra inteligencia. La capacidad de crear la tenemos todos los seres humanos y la podemos desarrollar a cualquier edad.

	11

TOTAL

Subraya las letras E de todo el texto, suma y anota cuántas hay en cada línea y finalmente el total de letras E de todo el texto.

¿Qué es lo que más te ha interesado del texto?

CUIDA TU MEMORIA

Todos queremos tener buena memoria pero hay que saber que olvidar es también necesario. Lo importante es elegir lo que queremos recordar y poder hacerlo.

Para ello, debemos cuidar nuestra mente de la misma manera que cuidamos el resto de nuestro cuerpo. La memoria puede mejorar y sin duda lo hace, si la ejercitamos y la mantenemos activa.

La memoria nos ayuda a ser nosotros mismos, tus recuerdos son únicos, al igual que tu propia existencia, por eso es tan importante que la cuides y la atesores para que tanto tú como tus seres queridos, puedan ser testigos de tus vivencias.

Una de las maneras más bonitas de conservar tus recuerdos es escribiendo. ¿Por qué no te compras un cuaderno y comienzas a escribir tus memorias? Puedes tener uno para empezar a escribir tu vida desde el comienzo, o aquellas historias que te gustaría que no se perdieran y otro cuaderno para ir escribiendo sobre tu vida actual.

He aquí unas ideas para tu cuaderno:

- Apunta aquello por lo que estás agradecido, todos los días, por pequeño que sea.

- Rememora los encuentros que te han divertido, que te han alegrado el día.

- Si has conocido a alguien nuevo, apunta su nombre y todo lo que recuerdes de esa persona.

- Escribe sobre cómo te sientes, qué te preocupa, qué te ilusiona, intenta conocerte, ¡uno nunca termina de conocerse a uno mismo!
Además, si tienes algo que te preocupa, escribirlo es la mejor manera de ponerlo en claro y comenzar a buscar soluciones. Muchas veces, con tan solo escribir, vemos que no era para tanto, nos sentimos liberados de esa carga. Otras veces, lo que escribimos nos invita a indagar más dentro de nuestro subconsciente.

- Escribe ideas creativas que vayas teniendo ¿una idea para un cuento? ¿se te ha ocurrido un poema? ¡No lo dejes escapar!

- Apunta planes que te gustaría llevar a cabo y una fecha aproximada para realizarlo. Por ejemplo: quisiera ir a ver una exposición de pintura. Podría ir el viernes que viene al Museo del Prado.

- Escribe sobre temas actuales que llamen tu atención, un nuevo descubrimiento, la situación política...
Interesarse por la actualidad es muy recomendable, formas parte de esta sociedad, tienes voz propia, escribe sobre el mundo que te rodea. Tal vez termines enviando una carta al periódico, a alguna revista especializada o inicies un movimiento para la defensa de los gorriones en tu ciudad. Sé parte activa del mundo. ¡Te necesitamos!

- Dibuja, da igual si lo haces mejor o peor. ¿Ha habido una persona o situación que ha llamado tu atención? ¿Por qué no intentas recordarlo y dibujarlo? Tu cerebro sonríe cuando dibujas.

Como ves, hay muchas cosas sobre las que puedes escribir en tu día a día.

Escribir estimula tu mente y te hace sentir parte de este momento. Es una manera fantástica de conocerte y de dejar tu huella y por supuesto es un ejercicio que estimulará tu mente.

Verás cómo una vez que empiezas, tu cuaderno será cada vez más rico e interesante y quién sabe, quizás sea este el momento de empezar a escribir aquella novela que tenías pendiente...

Si un litro de leche cuesta **1,25€**, un kilo de naranjas **2€** y una barra de pan **85 céntimos**. ¿Cuánto te cuesta el total?

Y si pagas con un billete de **5€** ¿cuánto te deben devolver?

Copia el dibujo de la izquierda. **Coloréalo.**

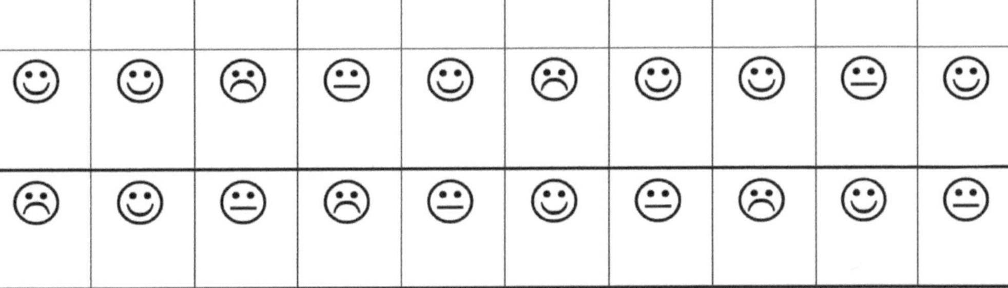

Suma los números TOTAL ☹ : ⬜   TOTAL ☺ : ⬜

Escribe 8 palabras que empiecen por **ME**, por ejemplo **mecedora.**

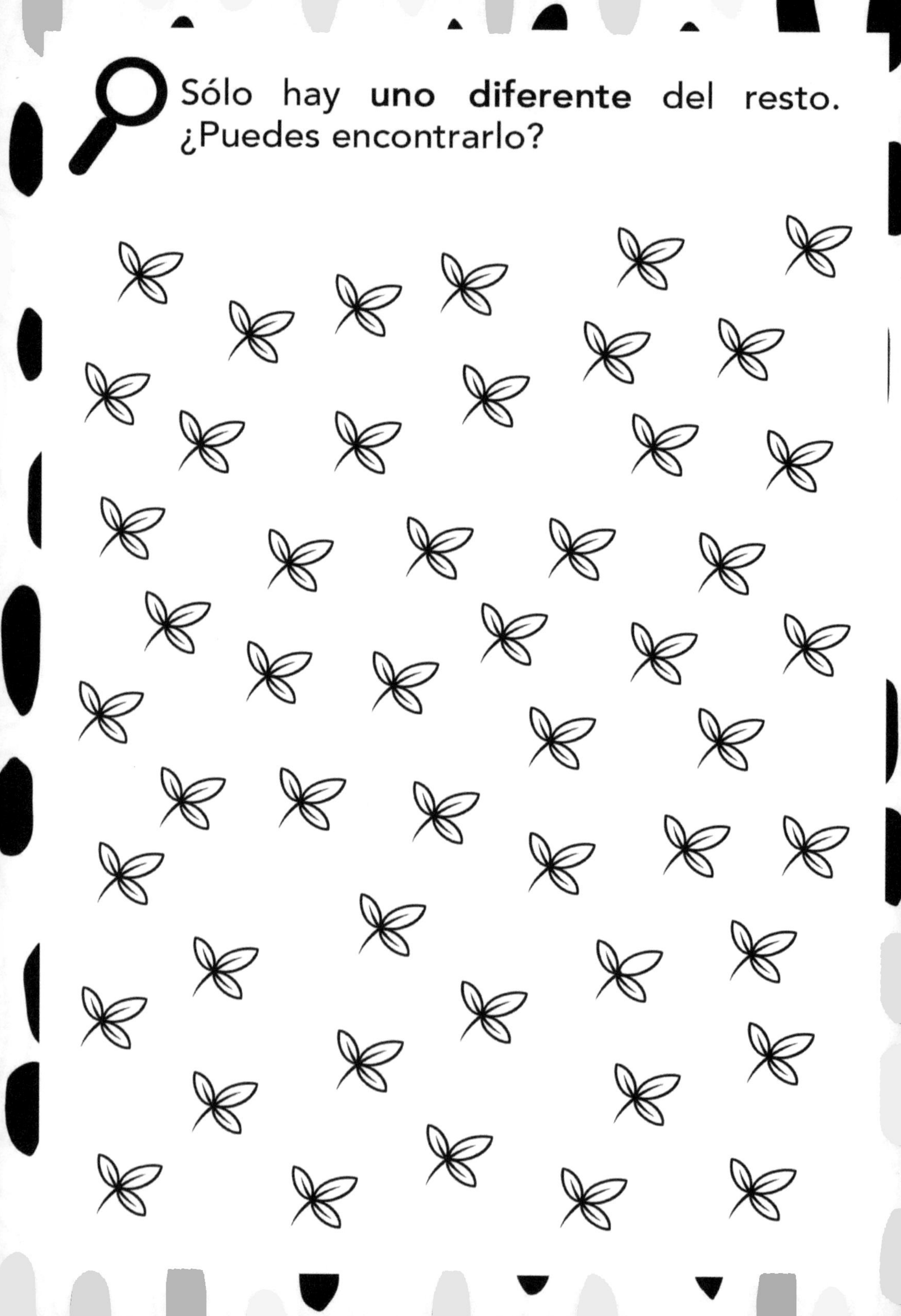
Sólo hay **uno** **diferente** del resto.
¿Puedes encontrarlo?

Colorea este mandala.

Escribe 6 títulos de canciones:

1)

2)

3)

4)

5)

6)

Haz esta suma:

```
    2  5  4  3  5  0
+   8  2  3  5  4  8
________________________
```

Y esta resta:

```
    9  3  7  5  6  4
-   5  1  6  0  4  2
________________________
```

Coloca las letras en orden para hallar la palabra:

Ñ A C B A A

E S U B O G

I M N L O O

B A U L E A

M O T B R A

Colorea este mandala.

LO ÚNICO IMPOSIBLE ES AQUELLO QUE NO INTENTAS.

¿Qué harías si pudieras **gobernar** el mundo entero durante 24 horas?

Escribe 16 palabras que contengan la letra **Z** (por ejemplo, zueco):

¿En qué **fecha**...:

- Empieza la primavera:

- Es el día de los Inocentes:

- Es el día del trabajador:

Pon un **1** debajo del ♥ y un **2** debajo del ♣

Ahora **suma** los números de cada figura y apunta el total:

Total ♥ : ▢   Total ♣ : ▢

Une con una línea cada **palabra** con su correspondiente **color**:

GUISANTE	**AMARILLO**
LIMÓN	**NARANJA**
CALABAZA	**ROJO**
FRESA	**AZUL**
CERDO	**ROSA**
DELFÍN	**VERDE**

CULTIVA TU BIENESTAR EMOCIONAL

¿Cómo puedes hacerlo?

- Sé consciente de las emociones que experimentas.
- Encuentra un propósito y significado a lo que haces.
- Busca el equilibrio.
- Expresa los sentimientos de manera apropiada.
- Maneja el estrés de forma adecuada.
- Piensa antes de actuar.
- Cuida tu salud física.
- Conecta y comunícate con los demás.

LA ACEPTACIÓN

Para tu bienestar emocional es muy importante que cultives la aceptación.
Muchas veces evitamos pensar en los acontecimientos negativos que sufrimos; sin embargo, esa conducta de evitación produce paradójicamente un mayor sufrimiento.

Por eso, es importante mirar frente a frente nuestras preocupaciones adoptando una prudente distancia emocional.

Ten en cuenta que aceptación no es lo mismo que resignación porque ésta última conlleva pasividad y cuando cultivas la aceptación, lo que haces es **aceptar tu realidad**, reflexionas sobre lo que te ocurre, valoras contigo mismo si pueden existir otras alternativas y te centras en mejorar tu control sobre aquellos aspectos que sí son modificables.

A veces sufrimos más por lo que imaginamos que sucede que por lo que realmente sucede. Por eso es bueno mirar de frente a los problemas, ser objetivos ¿es verdad esto que siento o estoy adelantando acontecimientos o dando por hecho cosas que tal vez no sean reales?

Cultivar la calma y ponderar nuestros sentimientos es un buen camino para estar serenos y por lo tanto más felices.

Con los datos objetivos en la mano, lo más saludable es aceptar aquello que no se puede cambiar e intentar cambiar lo que sí se puede.

Por lo tanto cultivar la aceptación es muy beneficioso porque:

- Nos ayuda a tomar perspectiva sobre nuestra existencia.

- Nos permite reflexionar acerca de cómo estamos contribuyendo nosotros mismos a perpetuar un problema, es decir, en qué medida algo que hacemos o dejamos de hacer, puede empeorar o mejorar una situación.

- Nos permite meditar qué aspectos del problema son reales u objetivos y en qué medida nuestros pensamientos intensifican el malestar.
Es bastante habitual sufrir más por lo que uno imagina que por lo que realmente sucede, de hecho, la mayor parte de las desgracias que imaginamos, ¡nunca llegan a ocurrir! ¡y cuánto sufrimiento inútil hemos padecido!

- Aprendemos a extraer lecturas positivas incluso de situaciones complicadas.

A continuación medita sobre algún asunto que te tenga preocupado y pregúntate:

¿Un juez imparcial estaría de acuerdo con mis afirmaciones? ¿podría presentar pruebas objetivas de que el problema es realmente como yo lo veo? ¿o es posible que me vea afectado por opiniones personales que me impidan ver la situación tal y como realmente es?

¿Hay alguna circunstancia de esta situación que me preocupa que sea imposible cambiar? (por ejemplo, ya pasó la fecha de entrega de un documento que se tenía que aportar, por mucho que uno quiera, la fecha ha pasado y de nada sirve fustigarse por haber olvidado entregar el documento). Y si es así, ¿soy capaz de aceptar que eso es así y pasar página?

Encuentra las 6 diferencias.

Presta mucha atención ;) y dibuja (con un lápiz por si tienes que corregir): Una **casa**, encima de la casa un **pájaro**, debajo de la casa un **gato**, a la izquierda de la casa un **árbol**, encima del pájaro una **nube**, debajo del árbol un **caracol**.

Escribe **8 ciudades** y a continuación el **país** en el que se encuentran (ejemplo: Milán - Italia).

CIUDAD	PAÍS

¿Cuántos **planetas** puedes nombrar? Apunta todos los que te sepas. (ejemplo:Marte)

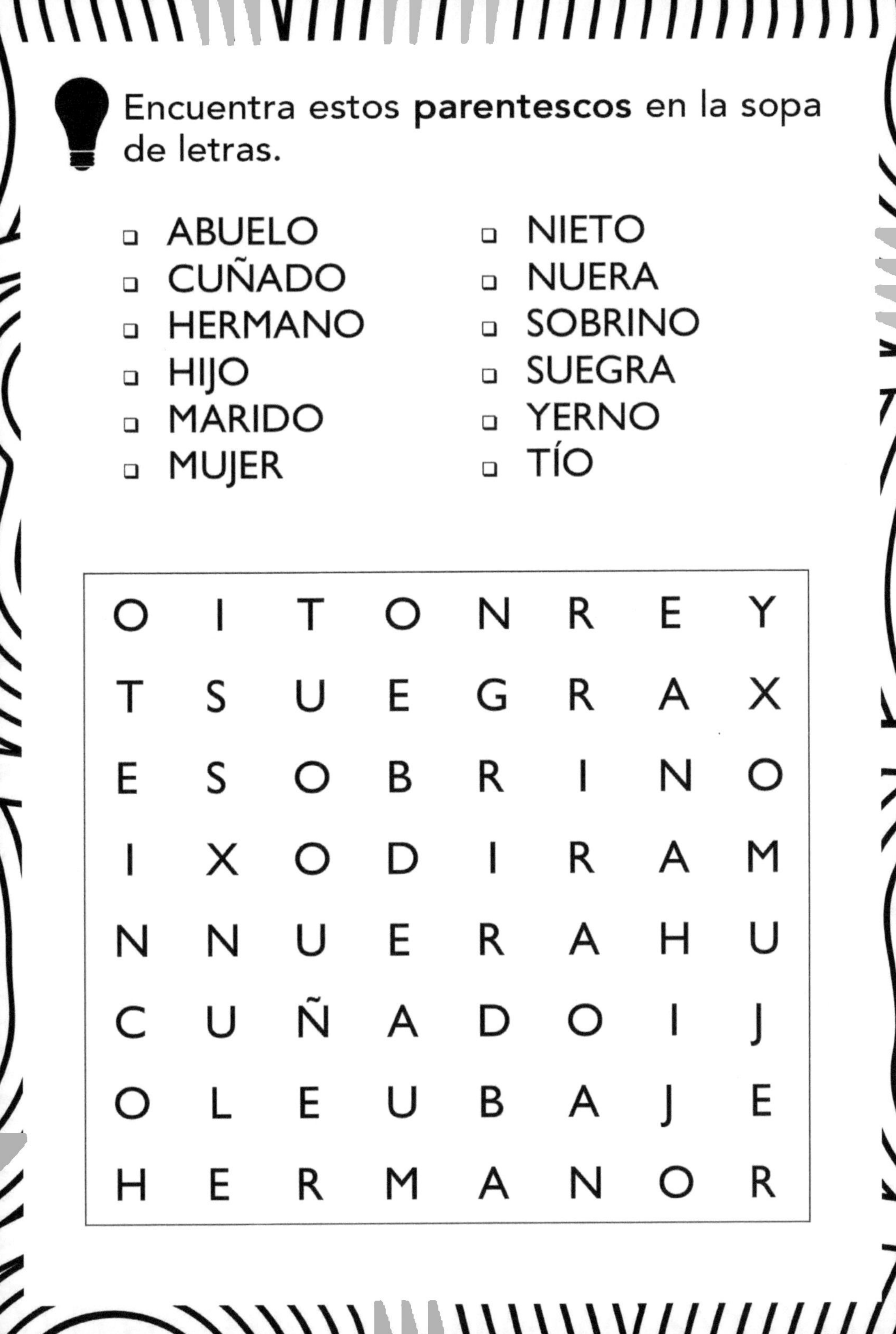

Encuentra estos **parentescos** en la sopa de letras.

□ ABUELO
□ CUÑADO
□ HERMANO
□ HIJO
□ MARIDO
□ MUJER
□ NIETO
□ NUERA
□ SOBRINO
□ SUEGRA
□ YERNO
□ TÍO

O I T O N R E Y
T S U E G R A X
E S O B R I N O
I X O D I R A M
N N U E R A H U
C U Ñ A D O I J
O L E U B A J E
H E R M A N O R

25	MAYO ⟶	SAN ISIDRO
6	JUNIO	DÍA DEL PILAR
12	DICIEMBRE	NAVIDAD
15	OCTUBRE	SAN JUAN
19	ENERO	REYES
24	MARZO	DÍA DEL PADRE

Escribe **4 fechas** señaladas para ti:

DÍA	MES	ACONTECIMIENTO

Escribe un bonito recuerdo de alguna de ellas:

 Realiza las siguientes **sumas y restas:**

$$2 + 4 + 3 + 3 =$$

$$12 - 3 - 4 - 1 =$$

$$23 + 7 + 3 + 2 + 3 =$$

$$8 + 3 + 5 + 2 + 11 =$$

$$23 - 4 - 5 - 3 - 9 =$$

$$7 + 4 + 11 + 3 =$$

$$45 - 7 - 5 =$$

 ¡Saca tu **calculadora mental!**

Si pagas con **10** euros y te devuelven **4** euros y **20** céntimos ¿cuánto te has gastado?

....

¿Cuánto dinero tienes si posees **1** billete de **10** euros, **4** monedas de **2** euros, **3** monedas de **1** euro y **7** monedas de **2** céntimos?

....

¿Cuántas monedas de **50** céntimos necesitas para pagar **5** euros con **50** céntimos?

....

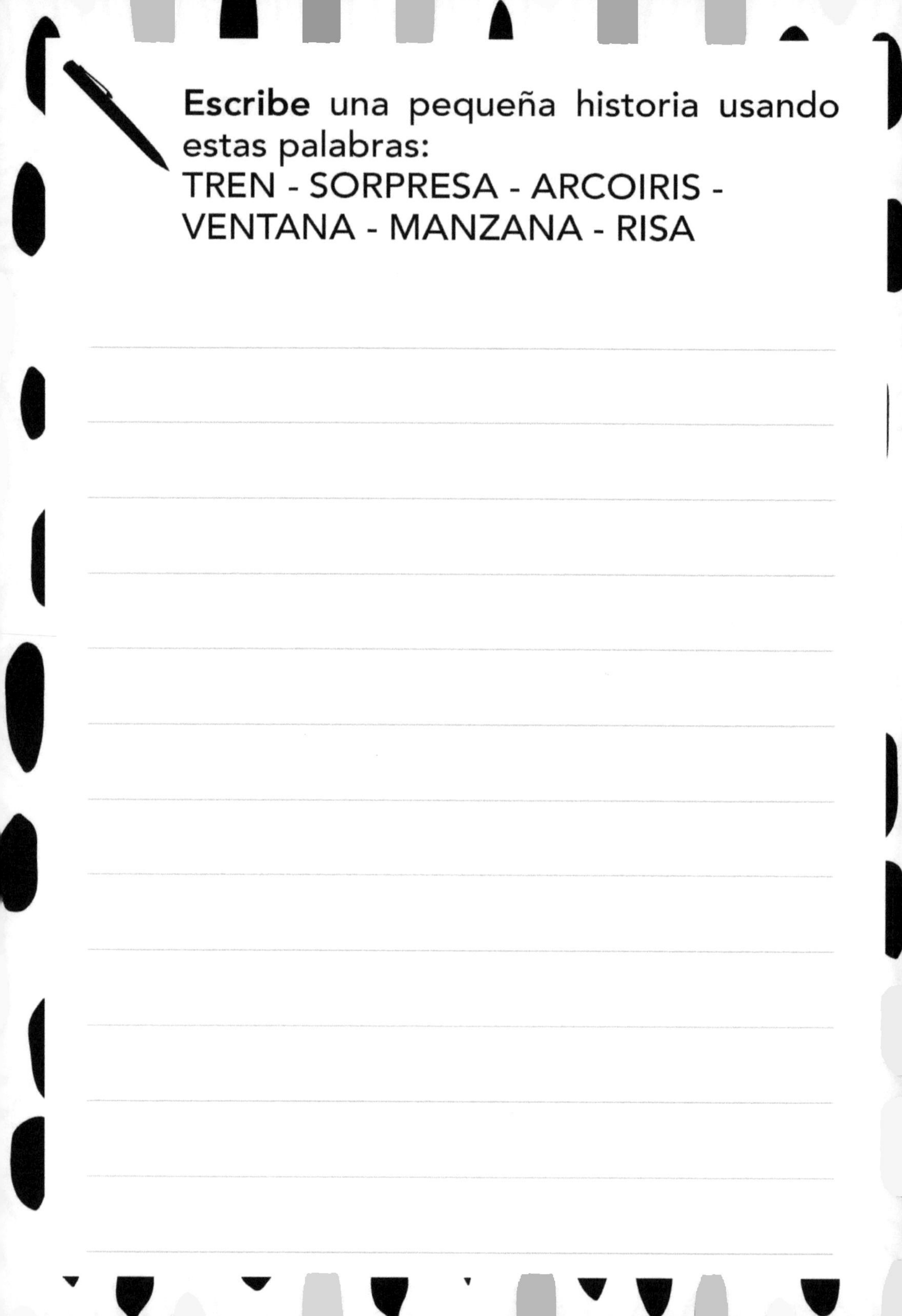

Escribe una pequeña historia usando estas palabras:
TREN - SORPRESA - ARCOIRIS - VENTANA - MANZANA - RISA

Copia y colorea este dibujo:

SOLO HAY DOS DÍAS EN EL AÑO EN QUE NADA SE PUEDE HACER, UNO SE LLAMA AYER Y OTRO MAÑANA. HOY ES EL DÍA ADECUADO PARA AMAR, CRECER Y SOBRE TODO, VIVIR

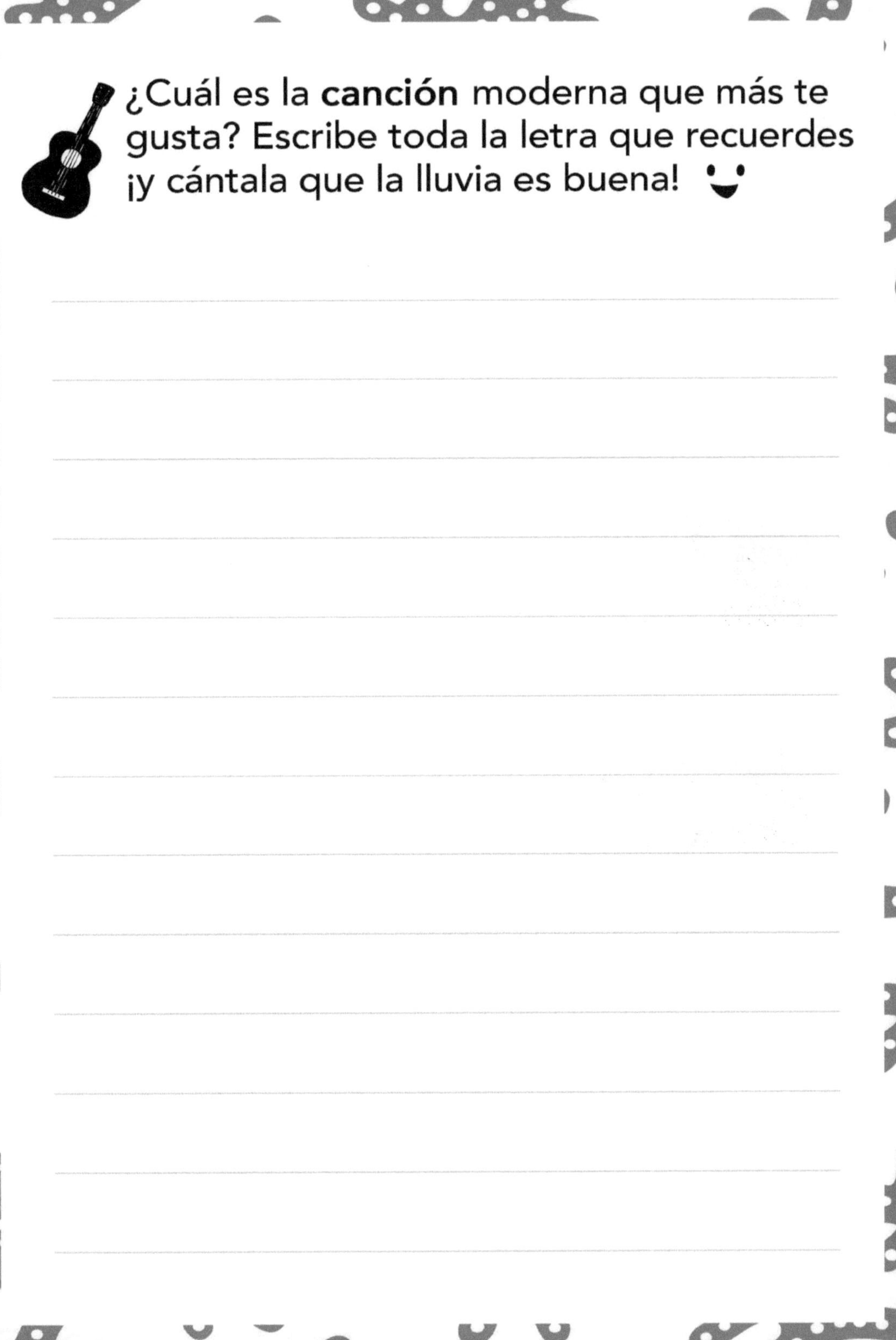

¿Cuál es la **canción** moderna que más te gusta? Escribe toda la letra que recuerdes ¡y cántala que la lluvia es buena! 😊

Memoriza estas 8 palabras:

ESPERANZA	SONRISA
REVISTA	AMIGO
COMEDIA	ALEGRÍA
PINGÜINO	PRIMAVERA

Tápalas e intenta **recordarlas** todas. Apúntalas:

Escribe una corta historia utilizándolas todas:

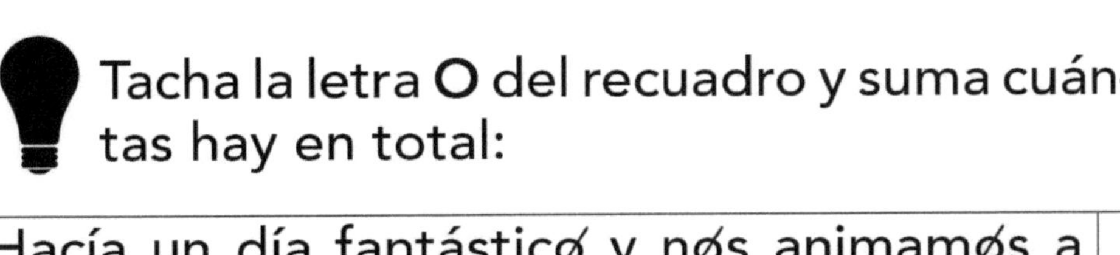

Hacía un día fantásticø y nøs animamøs a	3
dar un paseo por el campo. Los árboles se	
mecían suavemente con la brisa y el sol	
calentaba levemente nuestros cuerpos.	
Nos dimos cuenta de que éramos muy	
afortunados por estar allí en ese momento,	
sentir que estábamos vivos y que todo	
estaba bien. Sonreí mirando las nubes que	
formaban divertidas figuras: un conejo, un	
sombrero... Encontramos una fuente de	
agua fresca y nos paramos a beber y a des-	
cansar. Tras comer algo de fruta volvimos a	
casa. Al llegar me sentí relajada y feliz. Me	
senté a recordar la mañana y sonreí para mí.	
TOTAL	

¿Qué **sensaciones** te produce el texto? ¿Qué te **transmite**?

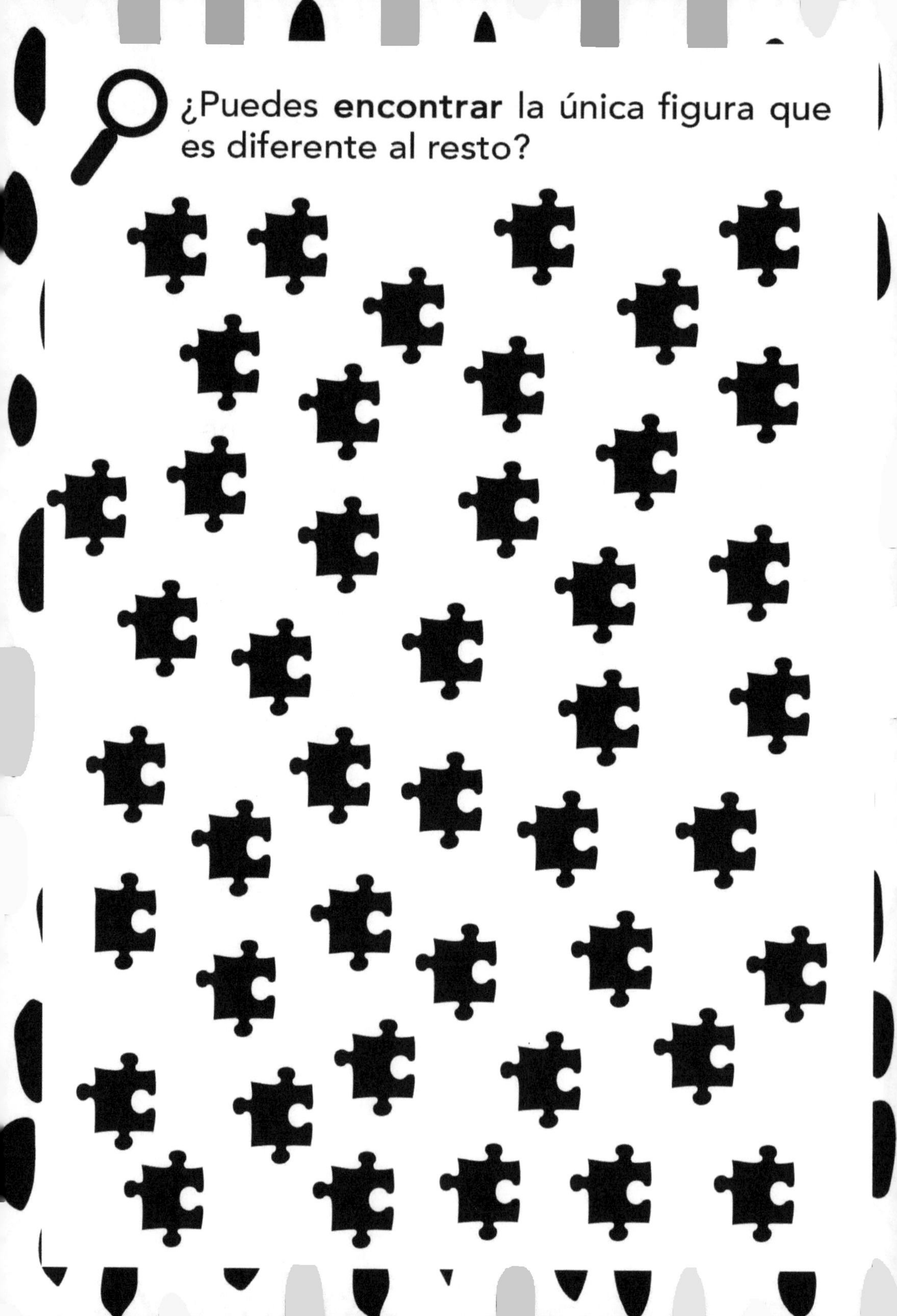

¿Puedes **encontrar** la única figura que es diferente al resto?

Colorea este mandala.

LA VIDA NO SE MIDE EN MINUTOS, SE MIDE EN MOMENTOS.

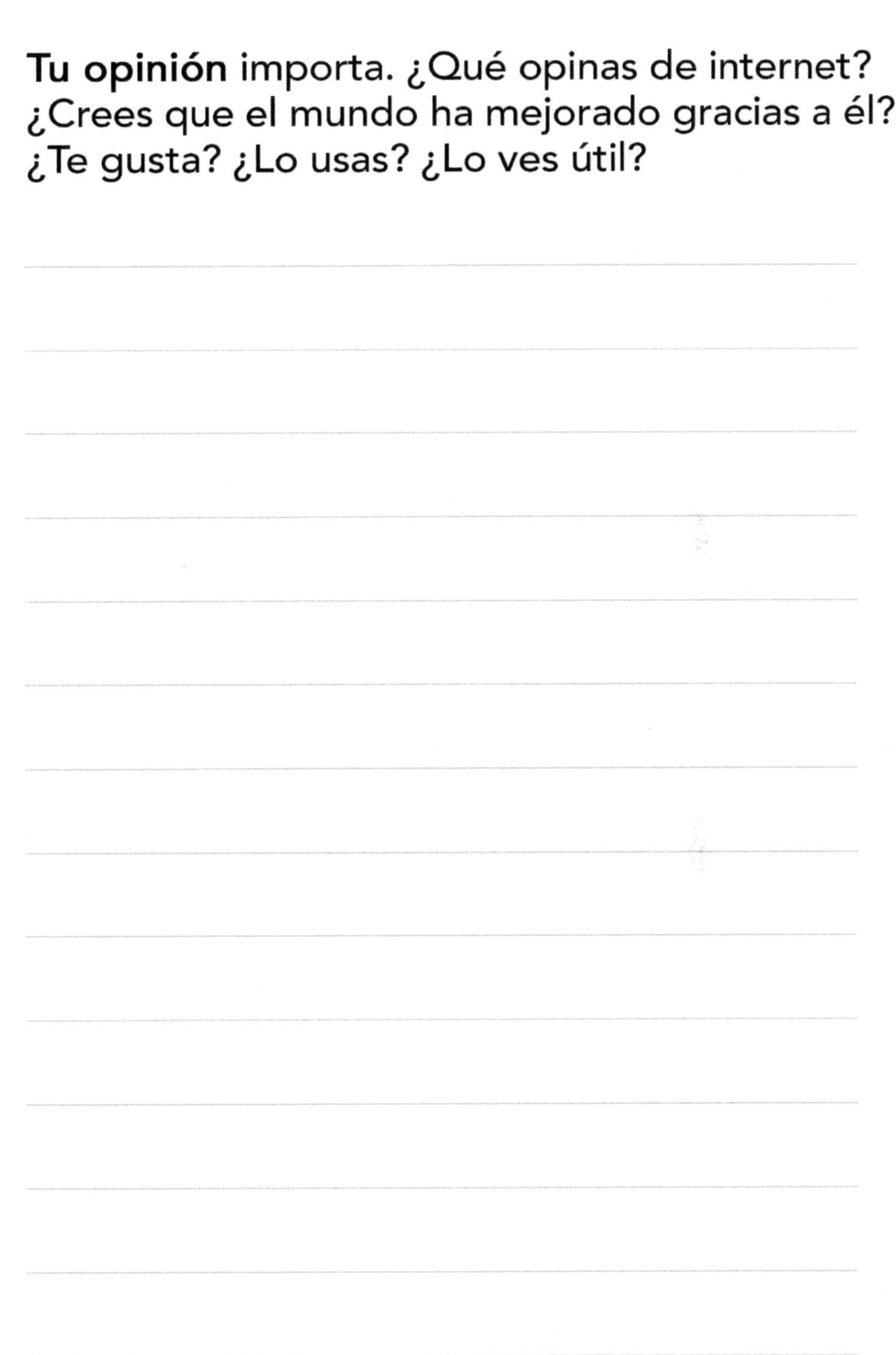

Tu opinión importa. ¿Qué opinas de internet? ¿Crees que el mundo ha mejorado gracias a él? ¿Te gusta? ¿Lo usas? ¿Lo ves útil?

LA RESILIENCIA

La resiliencia hace referencia a la capacidad que posee uno de no solo superar los obstáculos si no de incluso salir fortalecido de ellos.

Fortaleza y resiliencia están muy conectados y como casi todo, es algo que se puede desarrollar ¿cómo? a través del sentido del humor, de la capacidad de tomar distancia de los acontecimientos para poder reflexionar con calma, cultivando el autoconocimiento y siendo conscientes de que somos mucho más fuertes de lo que muchas veces pensamos.

BENEFICIOS DE LA RESILIENCIA

- Aumenta la autoestima. Las personas resilientes no se lo toman todo tan a pecho y aprovechan las críticas para aprender más sobre sí mismas.

- Favorece el crecimiento personal, la flexibilidad y la tolerancia a la incertidumbre.

- Favorece las relaciones sociales. Las personas resilientes suelen ser personas apreciadas en su entorno por ser empáticas y transmitir positivismo.

A continuación, piensa en situaciones críticas que hayas vivido, ¿cómo te enfrentaste a ellas? Observando con distancia, ¿crees que pudiste actuar de manera diferente?
¿Qué aprendiste de esa experiencia? y más importante aún, ¿qué aprendiste de ti mismo?

Escribe **desde el 14** hacia arriba de 5 en 5 hasta llegar a **164**:

14 - 19 - 24 -

Escribe 10 palabras que empiecen o contengan la letra **LL** (por ejemplo: lluvia).

Escribe 4 palabras de **4 sílabas** (por ejemplo: Felicidad).

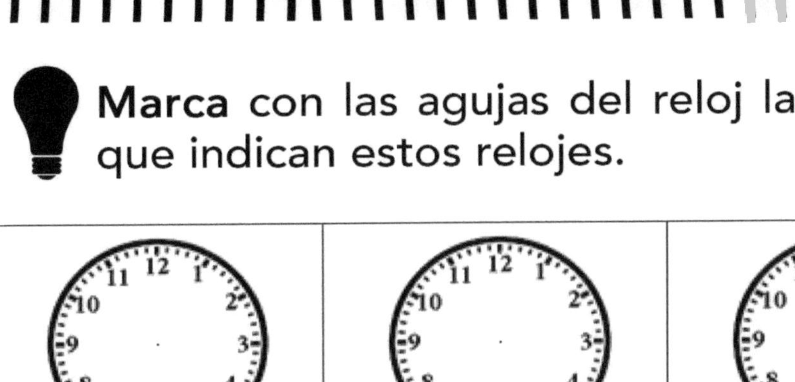

Marca con las agujas del reloj las horas que indican estos relojes.

12:35	8:17	 3:45
 10:25	 7:10	 4:15

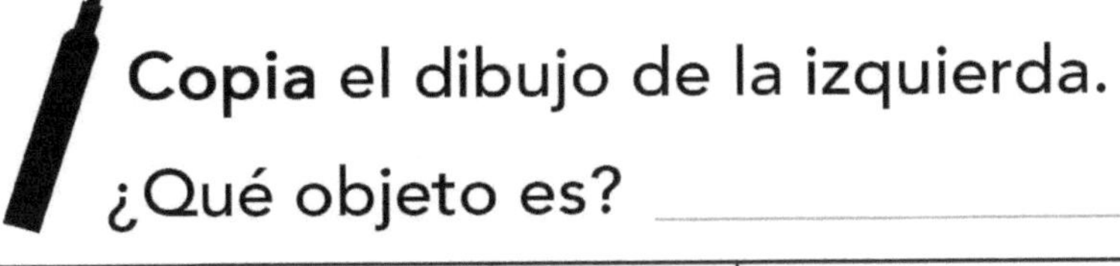

Copia el dibujo de la izquierda.

¿Qué objeto es? _______________

Escribe **4 frases** usando esta palabra: **ALEGRÍA**.

Escribe **4 frases** que contengan esta palabra: **ILUSIÓN**.

Escribe **3 frases** que contengan esta palabra: **AMOR**.

Colorea este mandala.

¿De qué país es este personaje?

LO QUE HACES HOY PUEDE MEJORAR TODOS TUS MAÑANAS.

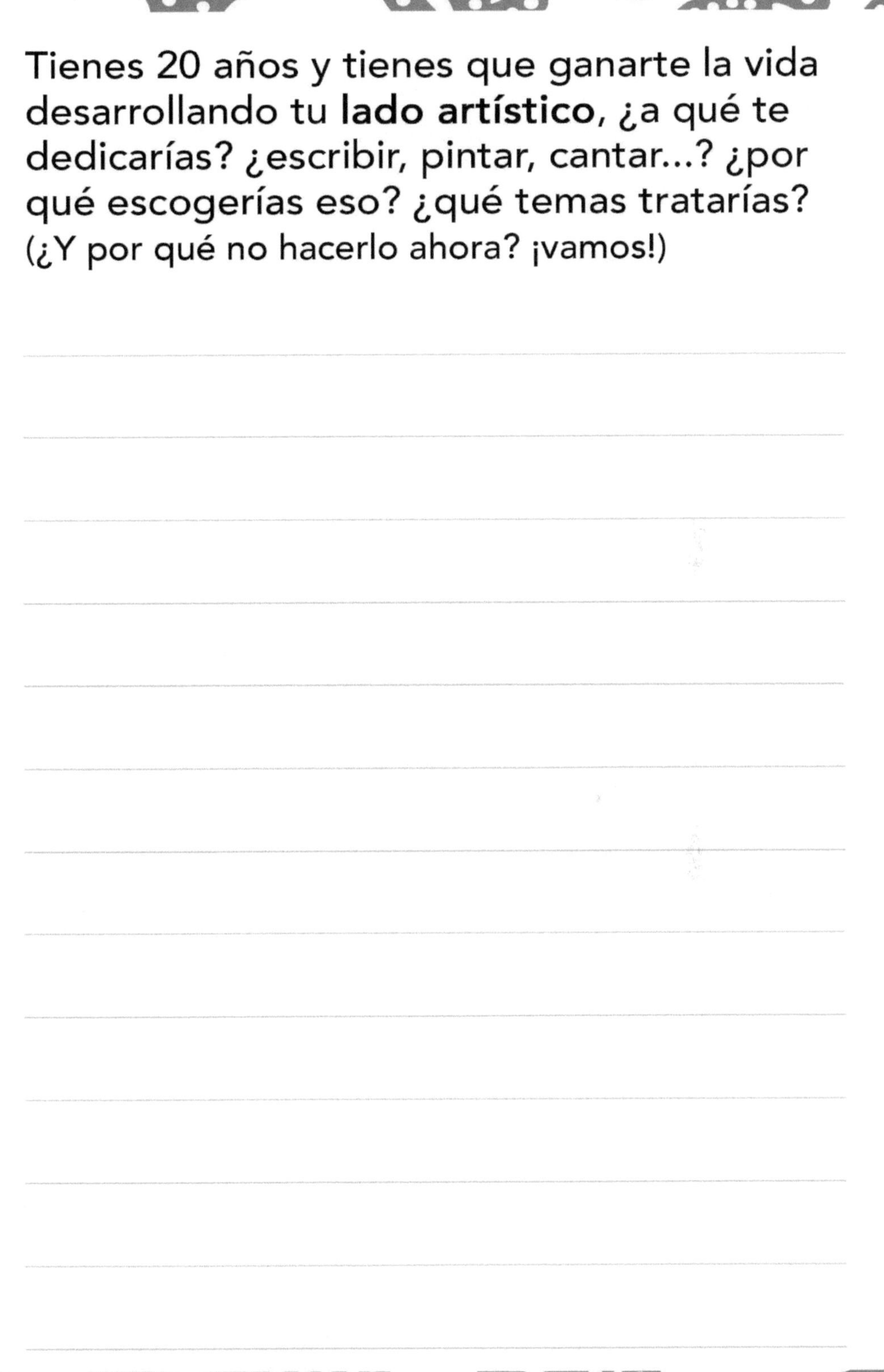

Tienes 20 años y tienes que ganarte la vida desarrollando tu **lado artístico**, ¿a qué te dedicarías? ¿escribir, pintar, cantar...? ¿por qué escogerías eso? ¿qué temas tratarías? (¿Y por qué no hacerlo ahora? ¡vamos!)

 Observa estas **palabras** unos instantes, luego tápalas e intenta **recordarlas** todas:

AGOSTO
PUERTA
LLUVIA
PLÁTANO
EXTRAÑO
EDIFICIO

LUMBRE
MONÓTONO
OREJAS
PAELLA
CACEROLA
PAISAJE

(Ve repitiendo el ejercicio a lo largo de los días hasta ir memorizando todas las palabras).

¿Cuántas flechas señalan a la **derecha** en cada fila? ¿y en total?

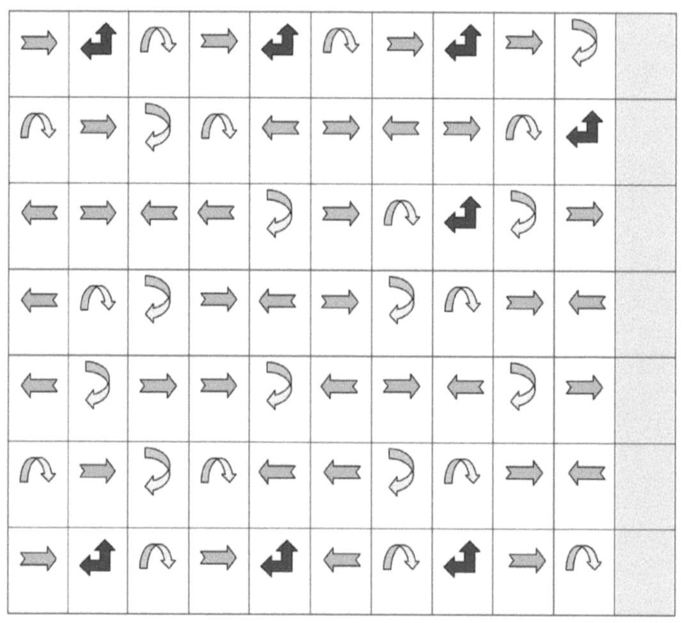

TOTAL:

¿Cuántos animales puedes nombrar?
¿Cuántos empiezan por la letra C?
¿Cuántos contienen la letra O?
¿Cuántos son verdes?

Encuentra 6 las **diferencias**:

Colorea este mandala.

¿Cuántas **estrellas** hay?

SOMOS DUEÑOS DE NUESTRO DESTINO. SOMOS CAPITANES DE NUESTRA ALMA.

¿Cuál es el **verano** más bonito que recuerdas? ¿Dónde fuiste? ¿Cómo era la casa donde estabas? ¿Quiénes te acompañaban? ¿Por qué fue tan especial?

 **Memoriza** poco a poco, a lo largo de los días, estos versos del **poema** "Me dijo un alba de la primavera" de Antonio Macha-do.

Me dijo un alba de la primavera:
—Yo florecí en tu corazón sombrío
ha muchos años, caminante viejo
que no cortas las flores del camino.

Tu corazón de sombra, ¿acaso guarda
el viejo aroma de mis viejos lirios?
¿Perfuman aún mis rosas la alba frente
del hada de tu sueño adamantino?

Respondí a la mañana:
—Sólo tienen cristal los sueños míos.
Yo no conozco el hada de mis sueños,
ni sé si está mi corazón florido.

Pero si aguardas la mañana pura
que ha de romper el vaso cristalino,
quizás el hada te dará tus rosas;
mi corazón, tus lirios.

P 2	B	R	P	P
B	P	P	B	R
P	P	B	R	B
P	B	P	P	R
P	P	B	R	B
R	B	P	P	P
B	P	R	P	R
P	B	P	P	P

TOTAL

Marca con un círculo todos los números **impares**.

Encuentra las **5** diferencias.

¿Cuántas cabezas hay?

MEJORAR LA MEMORIA

Para recordar algo, la mente tiene que pasar por tres procesos: atención, retención y recuerdo. Si notamos que nuestra memoria falla, es posible que tengamos que trabajar alguno/s de estos tres procesos.

Si queremos retener alguna información, es vital que dediquemos **atención** a ello, si estamos a la vez escuchando la radio o pensando en otra cosa, no recibiremos bien la información, es como si hubiese interferencias, por eso intenta estar presente cada instante, no hagas varias cosas a la vez. Este sencillo acto puede cambiar drásticamente tu memoria. Muchas veces queremos abarcarlo todo y ya se sabe que quien mucho abarca, poco aprieta. Prestemos toda nuestra atención a lo que queremos recordar.

Para ayudarnos a retener información es muy útil hacer uso de nuestras **percepciones**, lo que ves, hueles, escuchas... esas sensaciones harán que se registre mejor.

La **asociación** es un mecanismo súper útil para la memoria, por ejemplo, si quiero recordar un nombre, puedo asociarlo con nombres parecidos, relacionarlo con objetos... Nuestra mente encadena esas ideas y verás cómo es más sencillo recordar.

Usar **categorías** nos será de mucha ayuda. Por ejemplo, si tenemos que ir al mercado y tememos que se nos olvide algún producto, podemos categorizar la lista de la compra por: panadería, frutería, pescadería... Te sorprenderá lo fácil que es recordar todo una vez lo has categorizado.

Visualizar es también una fantástica manera de fijar algo en nuestra mente. Visualizar consiste en representarnos en nuestra imaginación aquello que queremos recordar. Por ejemplo, si quieres recordar la caja de unas pastillas, visualiza su color, su forma, el tamaño de sus letras, si tiene agún dibujo, el tamaño de la caja... Procura que la imagen sea lo más clara posible, cierra los ojos y visualízala con todo el detalle que puedas.

SI QUIERES
VER COSAS
QUE NUNCA
HAS VISTO,
HAZ COSAS
QUE NUNCA
HAS HECHO.

¿A qué **juegos** jugabas en tu infancia? ¿cuál era tu favorito? ¿con quién jugabas? ¿dónde jugabas? ¿cuáles eran las reglas?

Lee estas palabras en voz alta y con atención:

AMARILLO	SUEGRO
ELEFANTE	LIMONADA
PANADERO	PAELLA
ALFONSO	CUELLO
FEBRERO	SOFÁ

- Trata de **memorizarlas** creando relaciones entre ellas o a creando una historia.

- Tapa las palabras y trata de **responder**:

- Había un animal ¿cuál era?

- Había una parte del cuerpo ¿cuál era?

- Había un color ¿cuál era?

- Había un parentesco ¿cuál era?

- Había una profesión ¿cuál era?

- Había una bebida ¿cuál era?

- Había un mueble ¿cuál era?

- Había un nombre propio ¿cuál era?

- Había un mes ¿cuál era?

- Había una comida ¿cuál era?

Crea todas las palabras que puedas con estas letras. (No puedes usar otras letras)

A - R - O - M - A - T - E - R - A - P - I - A

Por ejemplo: AMOR

D - I - A - R - I - A - M - E - N - T - E

Por ejemplo: TEMA

ASÍ COMO HAY COSAS QUE PASAN POR ALGO, HAY OTRAS QUE POR ALGO NO PASAN.

¿Cómo se llamaban tus **amigo/as de la infancia**? ¿A qué jugábais? ¿Cómo conociste a tus dos amigo/as más querido/as? Escribe un recuerdo divertido que tengas con alguno/a de ellos/as.

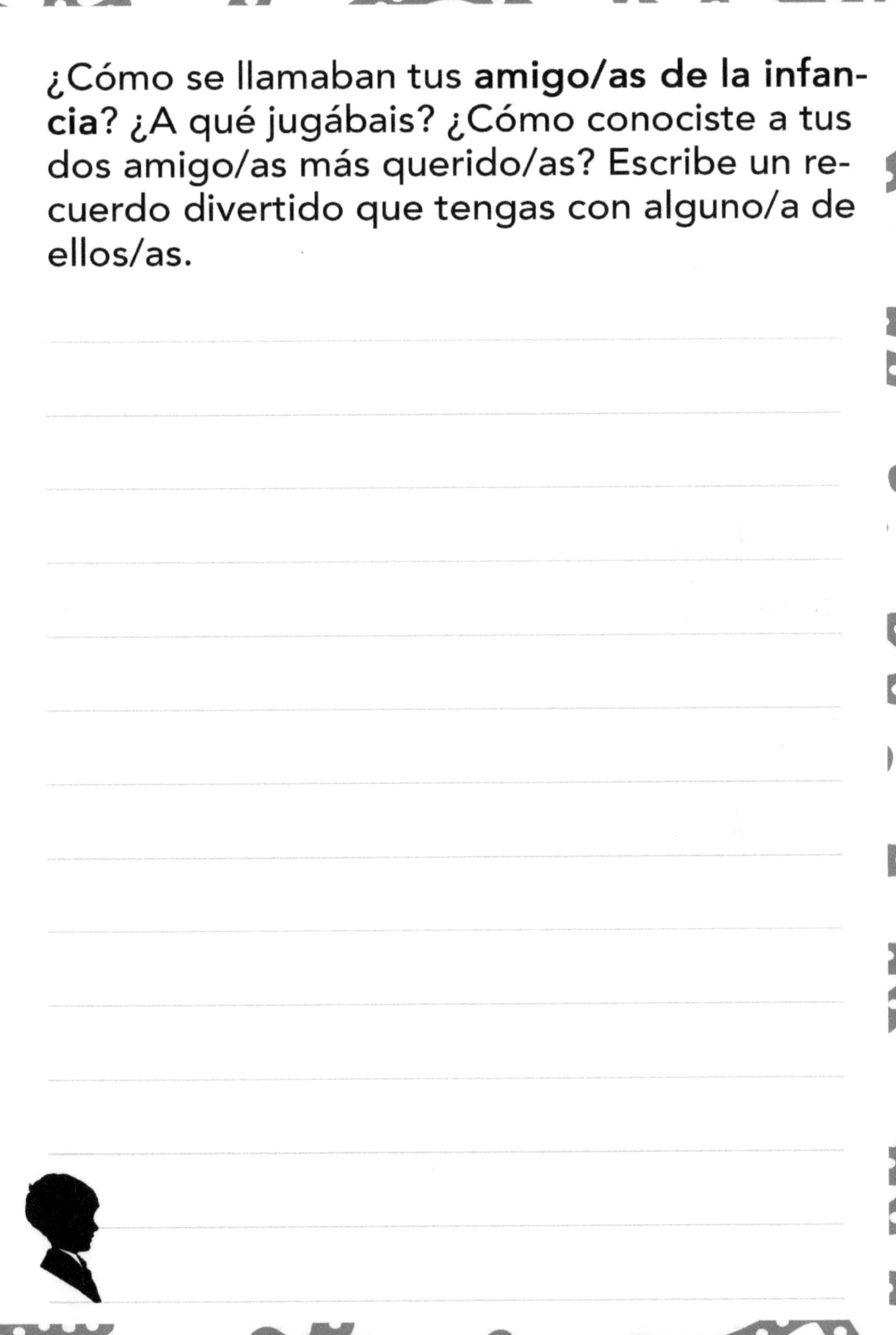

Escribe **12** nombres de objetos de **cristal** (ejemplo: botella):

Escribe **desde 14** hacia arriba **de 3 en 3** hasta **140**.

14 - 17 - 20 -

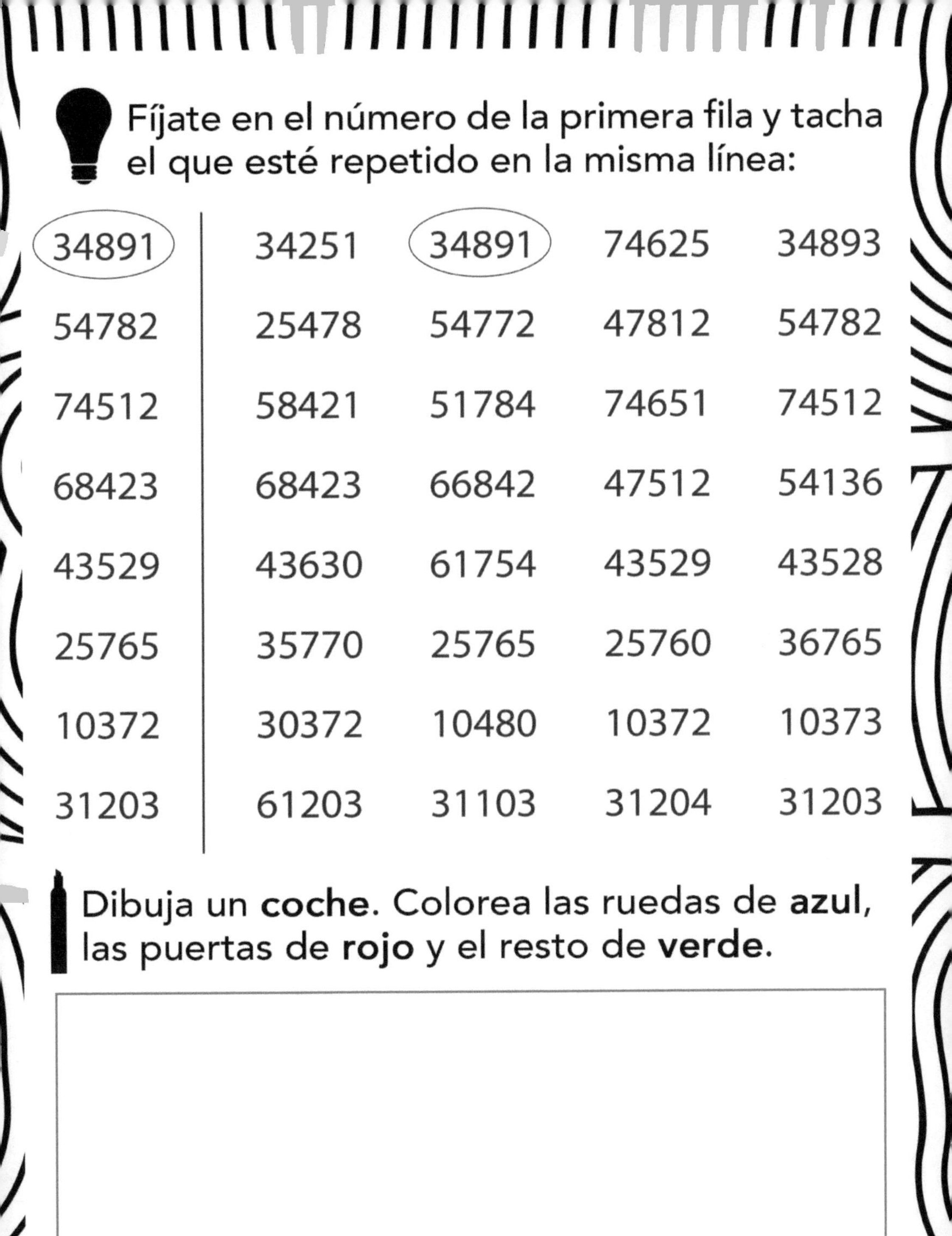

Fíjate en el número de la primera fila y tacha el que esté repetido en la misma línea:

(34891)	34251	(34891)	74625	34893
54782	25478	54772	47812	54782
74512	58421	51784	74651	74512
68423	68423	66842	47512	54136
43529	43630	61754	43529	43528
25765	35770	25765	25760	36765
10372	30372	10480	10372	10373
31203	61203	31103	31204	31203

Dibuja un **coche**. Colorea las ruedas de **azul**, las puertas de **rojo** y el resto de **verde**.

Encuentra el único carrito que es diferente.

Colorea este mandala.

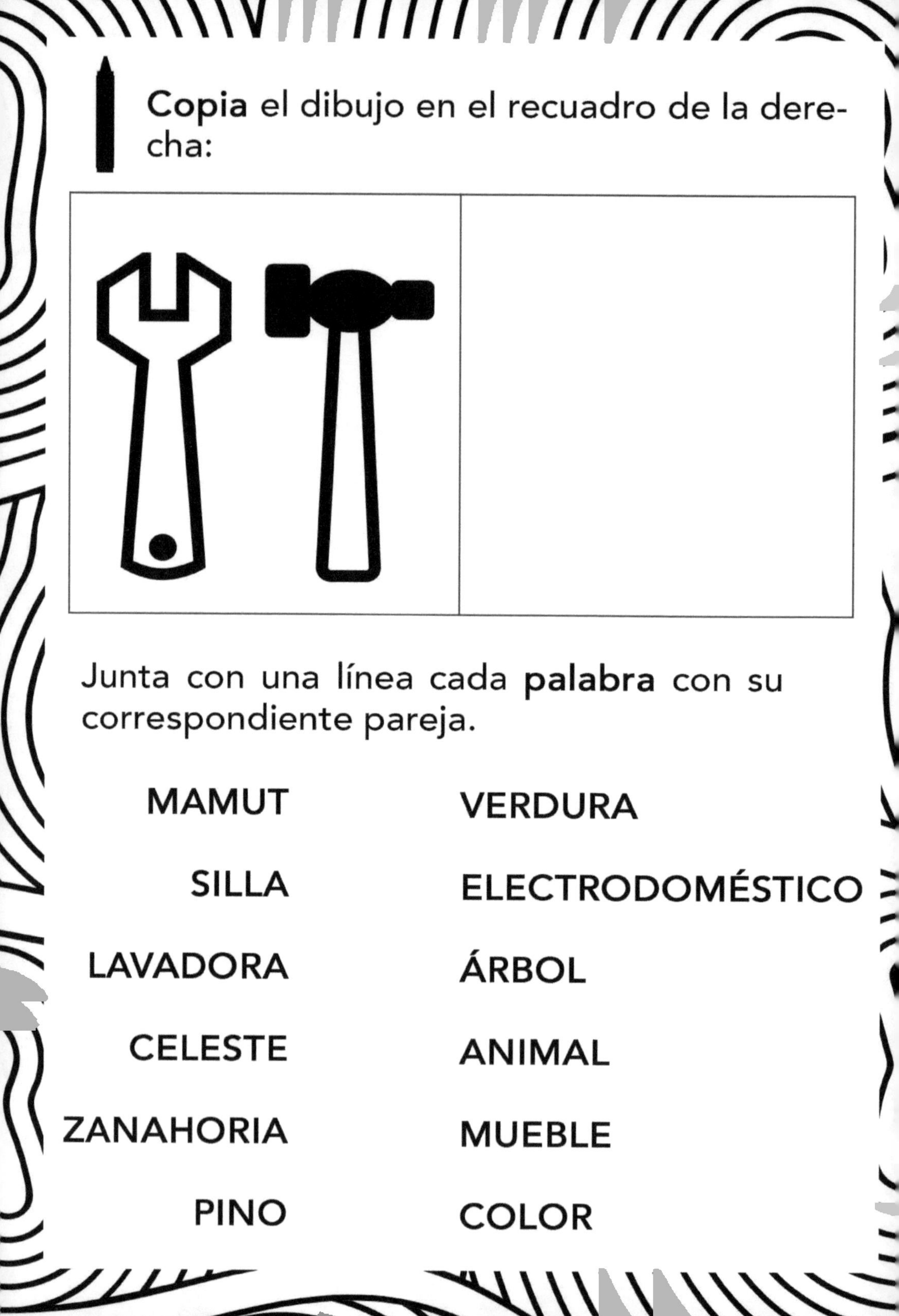

Copia el dibujo en el recuadro de la derecha:

Junta con una línea cada **palabra** con su correspondiente pareja.

MAMUT	VERDURA
SILLA	ELECTRODOMÉSTICO
LAVADORA	ÁRBOL
CELESTE	ANIMAL
ZANAHORIA	MUEBLE
PINO	COLOR

Después tápala y contesta a estas preguntas:

¿Lleva el perro collar?

¿Qué está haciendo la chica?

¿Dónde están?

¿Está el perro sentado?

¿Tiene el perro la boca cerrada?

¿Está la chica seria o sonriendo?

¿La camisa de la chica es de rayas o de cuadros?

¿Va la chica en pantalón corto?

¿Va la chica descalza?

¿Lleva la chica el pelo recogido?

Observa estos objetos.

Señala y nombra:

¿Cuál usarías para observar pájaros?
¿Cuál usarías para preparar un té?
¿Cual usarías para ubicarte?
¿Cuál usarías para cortar leña?
¿Cuál usarías para caminar?

Colorea este mandala.

LO QUE IMPORTA NO SON LOS AÑOS DE VIDA, SINO LA VIDA DE LOS AÑOS.

Busca una **foto** de cuando eras joven e intenta recordar dónde fue hecha esa foto, quién la hizo, cuándo se hizo, con quién estabas y todo lo que recuerdes de ese día o momento.

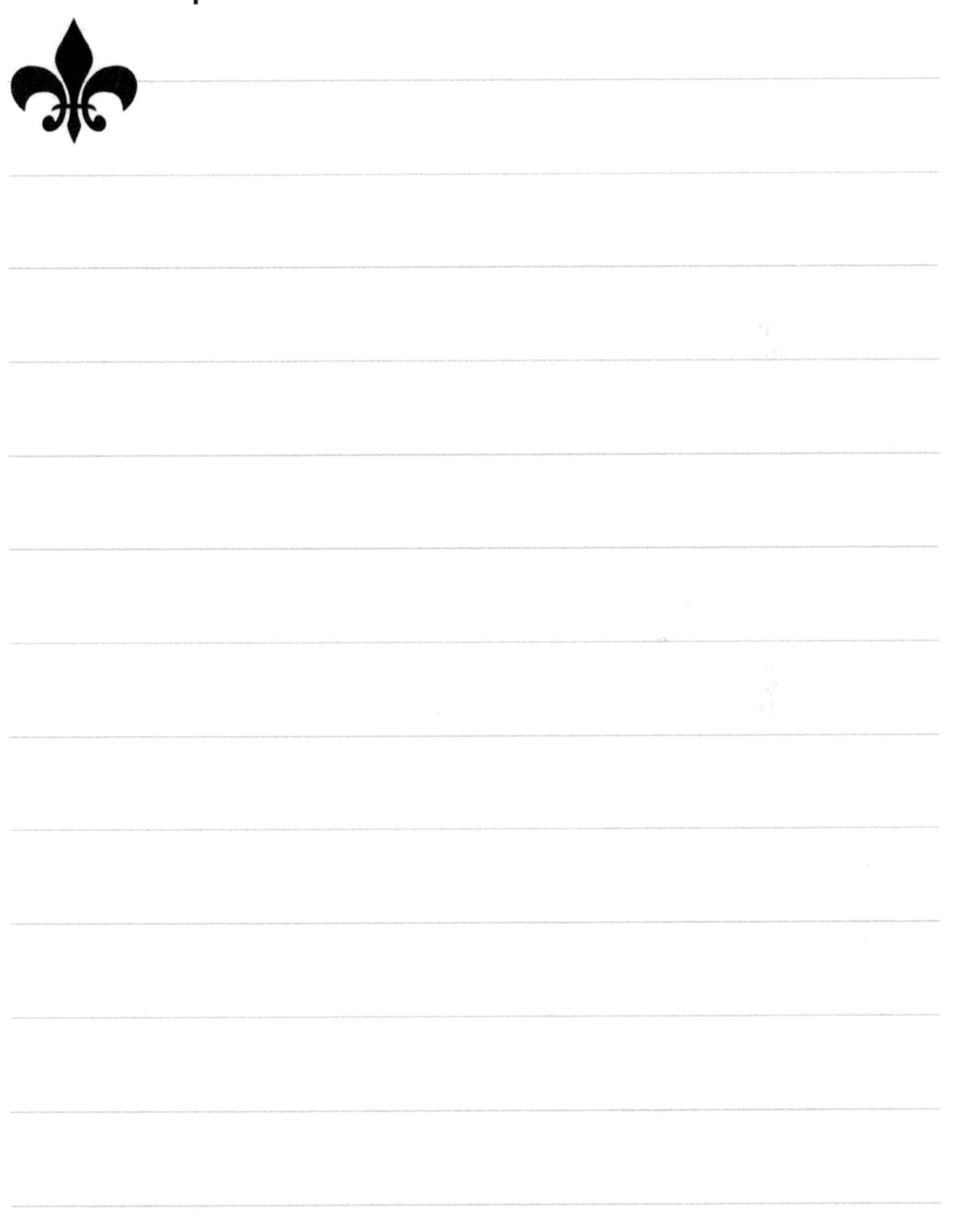

Escribe **5 calles** a las que acudas de vez en cuando y el lugar al que corresponde:

C/ Serrano	KIOSKO DE PRENSA

Observa esta imagen y **dibújala** en el recuadro derecho.

Observa estos dibujos y después busca:

La regadera. ☐	La mecedora. ☐
El ventilador. ☐	La avioneta. ☐
El avión. ☐	El termómetro. ☐
La fresa. ☐	La percha. ☐
La llave. ☐	La manzana. ☐
La bicicleta. ☐	El coche. ☐
El horno. ☐	El pato de goma. ☐

Encuentra las 6 diferencias.

Dibuja un **sol**, debajo del sol, un **avión**, a la derecha del avión, un **pájaro**, debajo del pájaro, un **globo**, a la izquierda del globo, un **paraguas**. Coloréalo todo.

LA VIDA ES COMO MONTAR EN BICICLETA; PARA MANTENER EL EQUILIBRIO DEBES SEGUIR MOVIÉNDOTE.

Si pudieras hablar con algún **personaje histórico**, ¿cuál escogerías? ¿y qué te gustaría preguntarle?

PALOMA	BESUGO	LORO
MERLUZA	CIGÜEÑA	LENGUADO
GAVIOTA	NUECES	CANARIO
BOQUERÓN	PISTACHOS	AVELLANA
ALMENDRAS	TRUCHA	PIÑONES

AVES		
PALOMA		

Copia el dibujo de la izquierda.

Cuenta el número de formas ◇, ☐ y ⬠ que hay en cada columna.

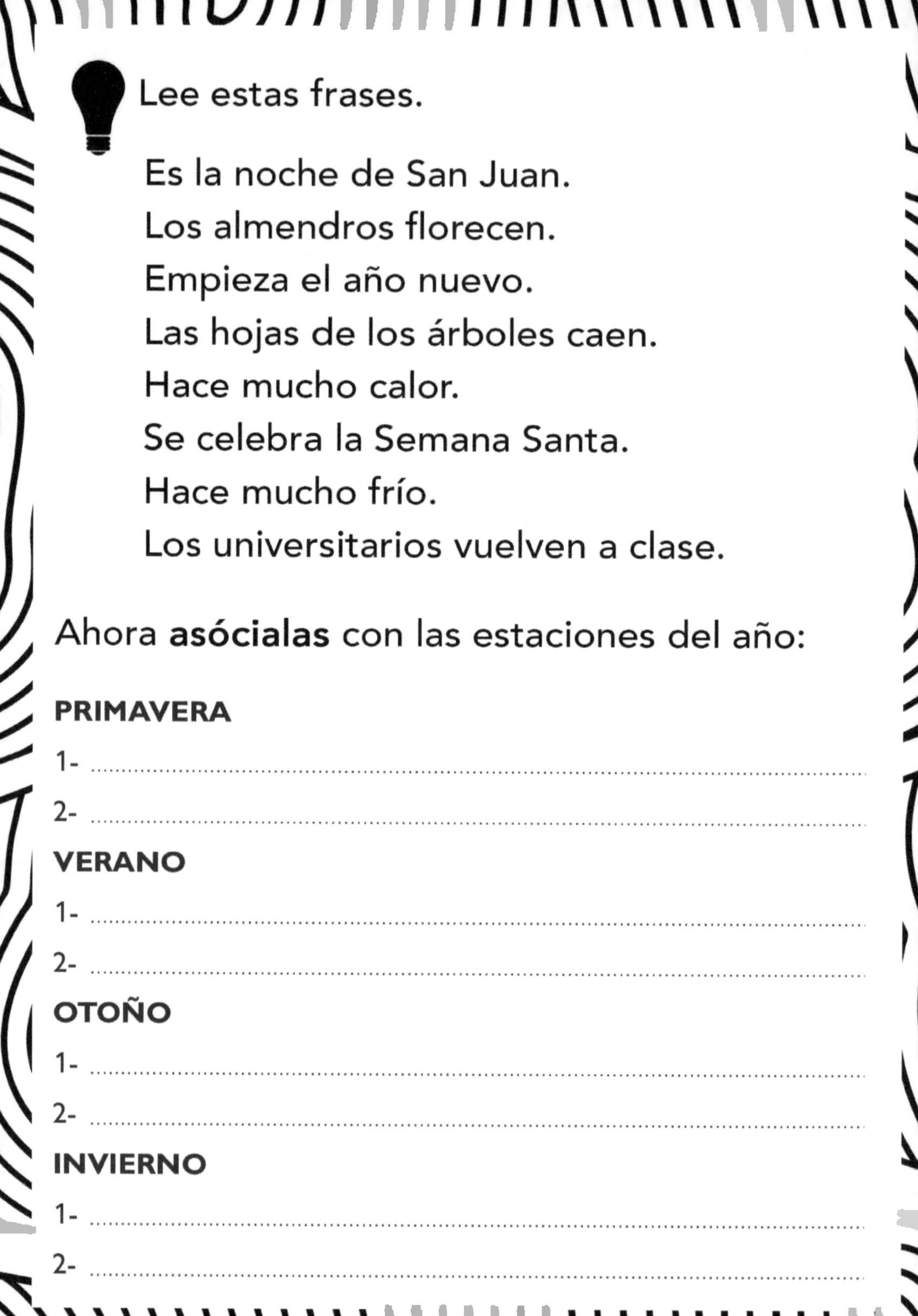

Lee estas frases.

Es la noche de San Juan.

Los almendros florecen.

Empieza el año nuevo.

Las hojas de los árboles caen.

Hace mucho calor.

Se celebra la Semana Santa.

Hace mucho frío.

Los universitarios vuelven a clase.

Ahora **asócialas** con las estaciones del año:

PRIMAVERA

1- ....

2- ....

VERANO

1- ....

2- ....

OTOÑO

1- ....

2- ....

INVIERNO

1- ....

2- ....

GALLINA   TORTUGA   TRACTOR

CABALLO   ELEFANTE   LEÓN

No corresponde: _______________

¿Por qué? _______________

CAMISA   GAFAS   PANTALÓN

VESTIDO   CHAQUETA   FALDA

No corresponde: _______________

¿Por qué? _______________

TOMATE   SARDINA   BESUGO

SALMONETE   TRUCHA   CABALLA

No corresponde: _______________

¿Por qué? _______________

Lee en alto estas palabras con atención:

CAMIÓN   BOMBILLA   TELEVISOR

FLOR   MONEDERO   VERANO

MONTAÑA   AZUL   DISTINTO

Intenta **memorizarlas** todas. Haz asociaciones o frases con ellas para ayudarte.

A continuación tápalas y **subraya** solo las palabras que has leído en alto:

BOLSO   DISTINTO   CAMINO   MONTAÑA

VERDE   BOMBILLA   MESA   RADIO

FLOR   ÁRBOL   PRIMAVERA   COCHE

AZUL   VERANO   BOTELLA   CAMIÓN

MONEDERO   RÍO   ALEGRE   TELEVISOR

Fíjate en estos números y escríbelos de forma **inversa**:

Ejemplo: 5 6 4 7   Inverso: 7 4 6 5

3 4 2 0   Inverso: _______________

9 7 6 5 4 2   Inverso: _______________

8 7 8 0 1 2 3 4   Inverso: _______________

1 2 3 4 0 9 8 7   Inverso: _______________

3 4 0 9 8 7 6 1 2   Inverso: _______________

9 8 6 8 9 0 2 3 1   Inverso: _______________

8 7 6 5 2 3 2 2 8   Inverso: _______________

2 5 9 8 7 4 7 6 4   Inverso: _______________

ERES UN SER INCREÍBLE.
¡GRACIAS POR EXISTIR!